ANTONIN DU VELAY

LA RÉVOLUTION

DEVANT

L'OPINION PUBLIQUE

PLAIDOYER POUR LES COMMUNEUX

Prix : 50 Centimes

PARIS

E. LACHAUD, ÉDITEUR

4, PLACE DU THÉATRE-FRANÇAIS, 4.

1872

Tous droits réservés.

EN MANIÈRE DE PRÉFACE

Cet opuscule plein de vérité aura l'air d'un paradoxe, car dans un milieu où le mensonge triomphe, le vrai devient paradoxal.

L'opinion publique est le tribunal suprême auquel appellent tous ceux dont le droit a été faussé devant les autres juridictions. Ce tribunal anonyme est, dit-on, infaillible. Il a, du reste, une telle façon prudente de rendre ses arrêts mystérieux qu'il serait difficile de le prendre en faute. Quant à moi, j'ai entendu prêter bien des inepties à cette jurisprudence; mais je dois avouer que, n'en ayant jamais eu les pièces sous les yeux, je me méfie des mauvaises langues et garde toute ma confiance.

C'est égal, je ne serais pas fâché d'être plus positivement renseigné. — Si vous savez, cher lecteur, où gît le bulletin des oracles de l'opinion publique, vous m'obligeriez beaucoup de me le faire connaître.

Il n'est pas bon d'être trop naïf en ce monde, et je ne voudrais pas poser pour avoir plus que mon compte de naïveté. Je ne dois donc point dissimuler que je soupçonne l'artifice d'une ruse de guerre propre à notre espèce, à l'aide duquel les partis produisent à grand fracas une opinion publique burlesque, ne pouvant mettre dans leur jeu la véritable opinion. C'est pourquoi les esprits honnêtes et mélancoliques, dépistés autant que dégoûtés par cette mascarade, se tiennent à l'écart, désespérant de trouver jamais rien de commun entre la vérité qu'ils adorent et ce pitoyable enfantillage que les partisans nous donnent pour l'opinion.

Mais il y en a sans doute une autre, la discrète, la mystérieuse.

Les anciens disaient : *Tot capita, tot sensus*, autant d'opinions que de têtes. Le proverbe peut avoir raison sous une foule de rapports et, pour une multitude de questions, je connais autant d'avis que de personnes ; mais cela n'empêche pas, paraît-il, que pour des questions importantes et apparemment moins embrouillées, les questions politiques, par exemple, il y ait une opinion publique, souveraine et infaillible... Cela est tellement vrai et incontestable, que tous les personnages empêtrés font appel à ce juge suprême, Gambetta et M. Thiers tout comme l'empereur Napoléon III, Bismark et Guillaume de Prusse, ainsi que le peuple souverain... Il est également vrai qu'on ne se borne pas à consulter l'opinion, mais chacun a des moyens de lui dicter la réponse *ad hoc*, et mademoiselle l'Opinion est de mœurs si faciles qu'elle accorde à chacun la faveur demandée sans vergogne.

C'est ainsi qu'on voit la même population crier alternativement tout ce qu'on veut qu'elle crie, avec un pareil enthousiasme.

> « Le sage dit, selon le temps,
> « Vive le Roi ! vive la Ligue ! »

Vive l'Empereur ou vive la République, vive la Commune ou vive M. Thiers... Si ces cris publics expriment l'opinion, et comment l'entendre autrement ? Opinion publique, ma mie, vous n'êtes qu'une sotte, une fille de pas grand'chose, avec laquelle la bienséance défend d'avoir rien de commun.

Heureusement qu'il y en a une autre moins dévergondée; vous savez, celle dont nous avons parlé, la discrète, la mystérieuse, celle dont les avis sont cachés, celle qui ne dit rien ou ne parle que dans le secret, qui vit dans un monde retiré, rebutée de la foule, parce qu'elle est de trop bonne maison, et qu'elle ne mêle point sa voix aux cris des saturnales ; celle qui doit être l'opinion publique de l'avenir, et dont le règne viendra après la mascarade, lorsque le carnaval sera passé.

C'est donc devant cette opinion honnête, consciencieuse et bien élevée que nous allons plaider la cause des Communeux.

LA
RÉVOLUTION

DEVANT

L'OPINION PUBLIQUE

PLAIDOYER

Messieurs de la Cour, pardon ! illustrissime Madame Opinion publique, plaise à votre tribunal faire droit aux conclusions ci-présentes, tendant au bénéfice des circonstances atténuantes pour la totalité de mes clients, depuis Félix Pyat et Delescluze jusqu'à M. le comte de Rochefort-Luçay et Pipe-en-Bois.

De plus et subsidiairement, nous accorder la confrontation contradictoire avec les principaux coupables ci-dénommés : Adolphe Thiers, Barthélemy Saint-Hilaire,

Jules Simon Suisse, Saint-Marc Girardin, Littré, Renan, A. Maury, la dynastie des Dupin et autres membres de l'Institut non nommés, à seule fin de décharger d'autant le dossier de notre cause, les Communeux n'ayant été que les instruments séduits et induits au crime par les doctrines et les exemples pernicieux desdits notables criminels.

Messieurs, c'est-à-dire Madame !

Pour nous conformer à l'usage ingénieux qui a cours dans les tribunaux de la race anglo-saxonne, nous demandons à *plaider coupables...*

Il est bon de profiter du moment où nous vivons sans constitution et sans lois pour introduire en France ce que nos voisins peuvent avoir de bon. Il n'est rien comme les époques de provisoire pour faciliter l'introduction des bonnes choses et surtout des mauvaises.

Quant à ces dernières, les mauvaises, les susdits inculpés s'en chargeront de reste. Nul mieux qu'eux n'est capable de tous les mauvais traits :

Ce sont de vieux routiers, ils savent plus d'un tour.

La patrocine n'a pas de secrets pour eux ; ils sont passés maîtres en chicane, habiles en faux-fuyants ; docteurs ès rhétorique, vrais coupe-jarrets, ils en apprendraient à Jarnac et en remontreraient à don Bazile. Bref, capables de tout : en un mot, de vrais parlementaires.

Pas n'est besoin d'insister sur ce point devant l'opinion publique, si souvent dupée par ces aigrefins archidémagogiques.

Donc, nous plaidons coupables. Que servirait, en effet, de nier des crimes manifestes ?

Notre forfait se montre aux yeux : les lois violées, la majesté de l'État insultée, la foi publique parjurée, les otages assassinés, les prêtres martyrisés, Paris incendié, les monuments des arts ruinés, la propriété privée et publique spoliée, les traditions sacrées de la société niées et profanées, et, par dessus tout, notre sainte religion horriblement blasphêmée !

De tels crimes ont ravalé leurs auteurs à une énormité telle qu'ils appellent toutes les rigueurs de la justice... Il n'est pas un seul exemple de ce degré d'infamie dans toute l'histoire... Malgré la dépravation qui caractérise notre époque, la stupeur qu'en ressent la conscience humaine paralyse cette conscience même, et nous empêche d'en sonder le profond abîme.

C'est un fait d'expérience commune que, passé le premier moment d'épouvante, chacun, même en face des ruines de nos monuments, se croit le jouet d'un rêve dont il voudrait dissiper l'illusion, et à travers les ténèbres de ces horreurs, cherche un sens humain à cette réalité qui tient du fantastique autant que de l'horrible.

O public insensé, toi qui as la maturité vénérable de l'âge sénile, public témoin séculaire du drame sanglant de l'histoire dont tu n'as pas compris le sens mystérieux, car tu as vu la Jacquerie avec une certaine tendresse et son écrasement sans déplaisir; les guerres de religion ont fait ton bonheur, les grotesques tragédies de la Ligue t'enthousiasmaient et le triomphe d'Henri IV t'a néanmoins comblé de joie ; les émeutes de la Fronde t'amusaient et le despotisme de Louis XIV a cependant fait ton admiration ; les ignominies de la Terreur ont eu ton approbation et tu t'es néanmoins enivré de la gloire napoléonienne ; tu as allumé tous tes lampions pour le retour des émigrés et dansé la mère Godichon devant la colonne de Juillet comme tu avais dansé la Carmagnole autour de la guillotine en 93 ; ce qui ne t'as pas empêché de prendre héroïquement les armes en 48 pour renverser le roi-citoyen, sauf à te battre ensuite furieusement contre les républicains des journées de juin ; tu as applaudi le coup d'État de décembre et acclamé pourtant le 4 septembre ; le 18 mars te semblait être une juste leçon pour l'assemblée de Versailles, mais, dame ! en voyant brûler Paris, tu aurais crié : *A bas la Commune !...* si tu en avais eu le courage, et tu as poussé un héroïque *ouf !* de soulagement à l'entrée des Versaillais... Maintenant, quelles choses sinistrement contradictoires applaudiras-tu ?... Tu pavoiseras tes maisons du drapeau blanc, et tu feras bien ; mais tu arracheras le drapeau tricolore avec fureur, et, en cela, tu feras mal... Tu feras l'une et l'autre chose sans savoir pourquoi, car tu as traversé tous les accidents grotesques ou tragiques de l'histoire sans y rien comprendre... Tu ne comprendras pas davantage le sens des effroyables événements qui nous menacent... Assez ! nous n'avons point ici affaire au grossier public, mais à l'opinion publique éclairée, ou tout au moins supposée capable de l'être.

 Madame, fûtes-vous jamais appelée à contempler un tel spectacle d'immoralité ?... Le terrible sphinx de la destinée vous posât-il jamais une énigme plus épouvantable? Qui eût jamais osé vous faire présumer le cataclysme de la désorientation absolue de tout un peuple, que dis-je! et, dans ce peuple, la population d'élite d'une cité qui s'honorait d'être la capitale de la civilisation moderne!

Quels sont les malfaiteurs qui ont perpétré de telles abominations?... Et comment ces hommes ont-ils pu descendre jusqu'à cette dépravation? Quelle influence monstrueuse a pu les dégrader jusqu'à cet abîme inqualifiable d'abrutissement infernal?...

C'est ce que le devoir de mon ministère m'impose de rechercher ici.

C'est pour moi une mission difficile, car bien que tout homme par qui arrive un dommage, un acte délictueux ou criminel doive réparation, la justice veut que la cause incitatrice du mal soit recherchée, et que le provocateur du complot criminel tombe principalement sous la sanction pénale de la loi.

Innocenter les acteurs responsables de ce forfait insigne est au-dessus de la puissance humaine, mais il est également au-dessus des forces naturelles de supporter le poids écrasant de cette responsabilité, et je demande qu'il me soit permis de démontrer qu'un tel crime est nécessairement un acte d'insanité; qu'il s'est accompli dans l'égarement d'une défaillance morale, dont une seule génération ne saurait comporter ni la volonté imputable, ni le consentement punissable... grâce à Dieu! L'énormité même du forfait lui constitue une impossibilité mentale qui vaut aux coupables une particulière espèce d'atténuation, et, chose remarquable, la nature du crime est telle qu'il en ressortirait presque une égale impossibilité de le comprendre et de le punir.

Il semble que cette somme de criminalité relève exclusivement de la justice divine et qu'elle échappe aux prises de la juridiction humaine... Un Delescluze, un Raoul Rigault, un Ferré peuvent expier dans le supplice leur degré personnel de participation sacrilége ; mais ils sont même incapables de balbutier la formule de l'hérésie dont ils ont été les stupides complices. Ici le forfait s'est fait doctrine incompréhensible, et la bande est devenue légion insaisissable, c'est-à-dire, une série incommensurée de générations, qui se transmettent le mot d'ordre démoniaque d'un attentat traditionnel, dont tous les initiés ne sont que des instruments ahuris et fanatiques... Je pourrais vous montrer la longue conspiration de l'aveuglement orgueilleux contre la vérité éternelle, la révolte perpétuelle de l'anarchie populaire contre l'ordre social, en un mot la conjuration de l'hérésie révolutionnaire contre la société religieuse...

Mais laissons le côté historique du procès, le présent ne suffira que trop à la révélation de ce monstrueux sacrilége... Que les morts restent sous le coup de la justice divine : ils porteront dans l'éternité la responsabilité de leurs œuvres...

Occupons-nous des vivants.

De ceux-là, nous ferons deux parts, d'abord les instruments ou les dupes, qu'on pousse ou traîne à l'assaut de la société ; ensuite les instigateurs aveugles ou intéressés dont l'action est dissimulée, masquée et déguisée sous les prétextes littéraires ou scientifiques les plus naïfs ou les plus habiles...

Les premiers se ruent au combat et, après l'action, ils sont burlesquement grisés ou éconduits par les fumées d'une gloire aussi vaine que peu rétributive s'il y a victoire... En cas de défaite, ils sont fusillés, déportés et conspués... Les autres, les meneurs, dans le premier comme dans le second cas, sont juchés au pinacle. Ils deviennent rois, présidents, ministres, honorables ou tout au moins membres de l'Académie des mœurs politiques... Sans préjudice du vénéralat dans les mystère maçonniques.

Il y aurait donc, les choses étant ainsi sans consteste, une injuste cruauté à bannir de notre mémoire des hommes simples et dévoués qui n'ont fait que glorifier naïvement leur religion — car la religion d'un peuple ne saurait se rapporter qu'à l'objet d'une adoration unanime. — Or, qui oserait dire aujourd'hui que nous n'adorons pas tous la Révolution !... Et, dans la Révolution, nous n'entendons pas seulement une période de l'histoire nationale, un de ces moments dans la vie d'un peuple où le trouble de la lutte n'est qu'un moyen d'obtenir une réforme particulière. Non, la Révolution est un génie qui plane sur l'histoire, un idéal supérieur au fait social, un mouvement fatal qui entraîne tout dans son courant torrentiel et porte aux abîmes d'un océan ténébreux les peuples et leurs sociétés... Que de civilisations déjà se sont effondrées aux applaudissements unanimes et perpétuels des vrais croyants !... Oh! oui. Écoutez les échos de l'histoire qui répercutent ce cri célèbre : *Périssent la société et notre mémoire plutôt que le principe...* Révolution avant tout... Ce principe, nous ne l'adorons pas seulement dans l'histoire de notre pays, car il constitue la philosophie même de l'histoire. Il n'est pas un seul membre de l'Université qui bronche sur cette règle : *Adorer la révolte partout et toujours...* Ombres d'Harmodius et d'Aristogiton, fantômes de Brutus et de Cassius, dites si nous oubliâmes un seul instant et dans une seule de nos leçons de brûler sur les autels de l'histoire et de la rhétorique l'encens qui est dû à votre gloire... Et vous, mânes à jamais vénérées de nos annales, héros de la Jacquerie, sublimes Ligueurs, adorables Frondeurs, vénérés et sacrés Terroristes, incomparable chœur des Seize, immortel Comité de Salut Public, Étienne Marcel et Robert Lecoq, Bussy Leclerc, Louchard et Ravaillac, Philippe-Égalité, Marat, Danton et Robespierre, dites si jamais notre culte et notre admiration pour vous se sont refroidis !

Que l'on prenne les nombreux volumes sur lesquels se prélasse la réputation des principaux meneurs que j'assigne devant ce tribunal, on n'y trouvera pas une seule page où ne soit prêché ardemment le culte révolutionnaire... Et vous voudriez jeter l'anathème sur ceux qui ont pétrolisé Paris !... Vénérable opinion publique, vous ne le pouvez pas !...

Quoi ! M. Thiers est président et Barthélemy son copin, M. Simon Suisse est ministre et M. Picard ambassadeur, M. Favre académicien et M. Ferry tellement estimé en dignité qu'on ne trouve point de fonctions à sa hauteur, et vous pourriez vouer au mépris des générations futures les simples soldats de la Révolution!... Cela est impossible.

C'est quand les tombes de Ferré et de Crémieux sont couvertes de fleurs par la dévotion publique sous le patronnage de nos préfets, quand Courbet est invité à se reposer six mois dans un lieu confortable, afin d'être mieux disposé à immortaliser sur sa toile réaliste les hauts faits de nos héros modernes, et que Gambetta, dédaignant tout autre lustre, est le chef et le guide de la phalange sacrée autant que radicale qui inaugurera l'avenir et qui, en attendant, gouverne Paris ; quand Garibaldi racole ses sicaires pour le prochain assassinat du collége pontifical et que Victor-Emmanuel, à la tête de sa bande, trône au Quirinal, du consentement de tous les États catholiques, avec l'approbation de notre Président, qui n'a pas même un conseil charitable à lui donner ; c'est alors que vous voudriez vouer à l'horreur de la conscience humaine ces intéressants disciples des Mottu, qui ont montré les fruits de la doctrine et sacrifié leurs vies pour nous obtenir l'instruction gratuite, obligatoire et laïque, sans compter le reste!... Opinion publique, vous ne pouvez, vous ne ferez point cela!...

Soit, direz-vous. Admettons que ces intéressants déportés, fusillés ou acquittés par les conseils de guerre ne méritent point le mépris, ni le blâme, au contraire ; mais Paris n'en est pas moins brûlé, les otages assassinés et la patrie vouée par l'Internationale à une destruction radicale, aussitôt la première occasion favorable... Que faire ? La destruction, rien que la destruction, partout et toujours détruire et renverser, cela n'a rien de séduisant...

Que vos êtes obstinément naïve, chère Opinion publique! — Il est vrai, vous répondrai-je, que cela ne nous promet point des jours tissés d'or et de soie ; mais, sachez-le bien, c'est tout ce qu'il y a de plus conforme à la Révolution.

Allez-vous-en à la Sorbonne et, à l'exception de la faculté de théologie, faculté que le progrès fera bientôt disparaître, vous n'y trouverez pas un seul cuistre qui ne vous démontre que la Révolution est ce qu'il y a de mieux, qu'elle est l'essence même du progrès, que sans doute elle comporte des détails terribles, mais que l'éducation universitaire est précisément faite pour habituer nos âmes à la contemplation de ces terribles mais splendides horizons !

Paris et la France seraient détruits, selon le plan de l'Internationale, cela est vrai ; mais cela est nécessaire pour la justice... du peuple. — Et puis, après, on recommencerait, à nouveaux frais, un autre monde où il n'y aurait plus de tyrans ni d'exploiteurs, plus de ces brigands couronnés, qui s'entendent avec ces coquins de prêtres pour faire la fortune des bourgeois égoïstes aux dépens du pauvre peuple.

Ne nous récriez pas, Opinion publique. Il vous est impossible de comprendre cette justice du peuple, et vous ne croyiez pas qu'il pût y avoir deux justices : la justice éternelle qui édifie et conserve, et la justice du peuple qui détruit et renverse. Et, dans tous les cas, vous n'auriez pas prévu que cette dernière dût obtenir l'assentiment public.

Comme vous êtes arriérée, chère et vénérable Opinion.

Le progrès est lent à se faire, mais à la fin, avec de la patience on en goûte les fruits. Il y a environ trois cents ans que nos lettrés ont entrepris de nous faire comprendre les beautés des révolutions de la Grèce et de Rome, et il a fallu toute cette longueur de temps pour en saturer nos esprits, mais enfin nous y sommes venus.

Il est à noter qu'Athènes et Rome ont péri par leurs révolutions, mais il nous était réservé de reprendre cette œuvre sublime, et, grâce à nos rhéteurs, nous n'y faillirons pas.

Il semble qu'une génération comme la nôtre, qu'un siècle industriel dont l'édification a coûté tant de larmes, qu'un peuple policé et savant qu'on accusait même de pousser l'amour du luxe jusqu'à l'égoïsme, devait être impropre à reprendre cette œuvre héroïque des admirables Grecs et des illustres Romains ; on nous aurait cru incapables d'un tel dévouement. Eh bien ! voyez : le tocsin de la Révolution jette son sinistre tintement sur Paris. Le peuple se met en branle. Vous croiriez que la bourgeoisie va être prise d'une terreur panique ou de la fureur d'une sainte colère : au contraire ! Les bourgeois aident le peuple à traîner *ses* canons sur les buttes de Montmartre et de Belleville... Il est vrai que la frayeur les prend ensuite et qu'ils s'enfuient de Paris ou se cachent à l'unisson ; mais ce n'est qu'un moment de faiblesse, un retour involontaire aux vieilles habitudes boutiquières ; aussitôt la populace vaincue, les bourgeois rentrent après l'armée de Versailles, et ils font bien voir qu'ils ne sont revenus que pour revendiquer leur part de dévouement à l'œuvre sublime de la Révolution !... Et ils en témoignent, comme ceux de province dans leurs conseils généraux, en nommant leur conseil municipal.

Que vous dirai-je de plus, devant ces preuves frappantes de l'œuvre du progrès dans les esprits ? Pourquoi feindre plus longtemps de vouloir encore vivre sur les vieux errements d'une société à jamais condamnée, méprisée et délaissée ?

Écoutez plutôt les lettrés de la Commune le déclarer avec leur brutale franchise : « Cessons toute feinte. Une
« plus longue dissimulation serait indigne de nous et de
« la grande cause que nous servons. Proclamons ouver-
« tement le triomphe de la Révolution sur la société,
« de l'athéisme sur Dieu, de l'Internationale sur la pro-
« priété, du vice sordide sur la famille. Montrons la vé-
« rité dans tous les charmes de sa séduisante nudité.
« L'heure est enfin venue d'arracher les voiles dont une
« prudence nécessaire cachait à nos yeux le rayonne-
« ment magique de la lumière naturelle et sans artifice,
« dont la vieille société va être frappée et foudroyée !

« Le soleil révolutionnaire brille pour soi-même et non
« pour éclairer un vieux monde indigne de lui. »

Ainsi parle le verbe païen. C'était à ce blasphème que devaient aboutir les encyclopédifiés; c'était de cet attentat sacrilége contre la civilisation chrétienne que devaient être complices les héritiers des conspirateurs qui eurent pour mot d'ordre : **Ecrasons l'Infâme** !..... L'Infâme, c'était Jésus-Christ et son Église... Il était logique que l'Eglise, qui a fait la société, fût attaquée par ceux qui ont horreur de toute civilisation : l'œuvre de Dieu doit être détestée par de sauvages assassins et incendiaires.

Il n'y a ici ni exagération ni confusion possible. C'est vainement qu'on chercherait à distinguer l'idée d'une république honnête de celle qui a produit la Commune. — En un mot comme en mille, car c'est un fait simple et absolument incontestable : *les communeux n'ont pas eu une seule idée, ni produit un seul acte* qui ne relève et ne soit la conséquence rigoureusement logique de l'esprit essentiel d'une république démocratique et révolutionnaire...

Si Proudhon, cherchant à définir la maladie générale de son époque, a pu dire : *La démocratie, c'est l'envie...* On peut ajouter avec une égale vérité : *La Révolution, c'est la haine!...* Et enfin, pour tout résumer en une formule simple :

République $=$ l'Aveuglement $\times$ l'Orgueil.

Donc si l'on peut regretter que tous mes clients ne soient pas fusillés, car ils sont tous également dangereux étant également coupables d'un dévouement insensé à la foi révolutionnaire, on doit comprendre et je veux démontrer que rien ne sert de fusiller les comparses. Sans doute, quoique instruments aveugles ils sont responsables, et c'est pour cela qu'ici nous plaidons coupables ; en conséquence, je plaide non pas l'innocence, mais le bénéfice des circonstances atténuantes, car on ne peut, sans une contradiction de jugement qui implique nullité, imputer à crime le dévouement fanatique à une doctrine qui a pour apôtres et docteurs les hommes les plus honorés des sociétés modernes.

Ou l'enseignement classique a raison : Solon Lycurgue, Harmodius, Aristogiton, les Gracques, Sylla, Marius, Brutus et ses conjurés sont des héros, et alors Marat, Danton, Robespierre et les Communeux sont des modèles de courage, d'héroïsme et surtout de logique ; ou, puisque cette hypothèse est repoussée par sa monstruosité même, il reste que toute notre littérature, depuis trois cents ans, n'est qu'un pitoyable ragoût où se mêlent d'une façon risible les tartines d'une rhétorique boursouflée aux âneries dont les cuistres sans cervelle sont seuls capables, et alors nos pauvres communeux sont de naïfs imbéciles, dignes des démagogues logomachiques qui les excitent, ou, si vous le préférez, ce sont de pitoyables voyous (1) sans vergogne, et de plus ils sont mystifiés par les plus ignobles *politiciens* que jamais contrée de Peaux-Rouges ait pu produire.

Et alors, cela étant, sauf un secours miraculeux, nous sommes perdus... Comment conjurer cette folie universelle à laquelle conspire toute la littérature d'une nation !

Nous sommes perdus, car jamais, non, jamais, vénérable Opinion publique, le public hébété que vous êtes censé conduire ne pourrait se défendre de l'épidémie d'imbécillité et de coquinerie dont la société est empoi-

---

(1) *Voyou* est un mot vide de sens, ou il signifie l'homme de la voie publique : celui qui n'a pas su constituer un foyer ou qui, ayant perdu le foyer paternel par ses vices, couche dans la rue et n'a d'autre genre de vie que les brutes.

sonnée depuis les chaires de la Sorbonne jusqu'au zinc du mastroquet.

Un seul espoir nous resterait peut être... La ressource de nous jeter aux pieds de notre Roi !... Mais serons-nous capables de cet acte de bon sens ? Recourir au Roi, qui seul pourrait peut être, avec l'aide de Dieu, réunir assez de braves gens autour de sa personne pour terrifier les coquins !... Si nous en sommes incapables, il ne nous reste plus qu'à faire le signe de la croix et attendre la mort... La mort de la France et notre propre mort.

— « Avocat, le tribunal doit vous inviter à modérer vos expressions, ou tout au moins à contenir la juste émotion qui vous possède. »

— Loin de moi l'intention de manquer au respect qui est dû à un tribunal aussi vénérable que celui de l'Opinion publique ! Je sens d'ailleurs combien la thèse que je soutiens doit exciter de surprise et troubler les vieilles habitudes de vos esprits, si longtemps bercés aux refrains démocratiques des rhéteurs.

Qu'il me soit permis cependant de poursuivre la difficile tâche que j'ai entreprise.

Deux forces inéluctables me soutiendront contre toute négative : l'*évidence* et la *logique*.

J'entends cette évidence que reconnaît tout esprit attentif, et non ce penchant banal qui subjugue communément le *vulgum pecus*, et qui n'est que le méprisable effet de mauvaises habitudes mentales chez les *gens qui ne voient jamais plus loin que leur nez*.

Je m'appuie sur la logique, expression de la *raison éternelle*, et non sur cet acrobatisme ratiocinant, illustré par certains journalistes, lequel pourrait être tout au plus de la *logicule*, et ne consiste qu'à enfiler des phrases à la queue leu-leu, sans souci d'aucun principe sérieux, ni de s'accorder avec la véritable nature des choses.

Or, n'est-il pas évident qu'un peuple ne peut que se révolter et s'insurger à tout propos et sans aucune intention de conscience mauvaise, quand depuis trois cents ans les favoris de la renommée littéraire lui enseignent que la religion, base de ses vertus sociales, ne repose que sur de ridicules légendes que des ignorantins eux-mêmes ne peuvent prendre au sérieux ?

N'est-il pas évident et n'est-ce pas un fait d'expérience universelle que jamais aucun peuple, aucune société n'a été fondée et n'a subsisté sans religion ? Or, la logique la plus manifeste et la plus incontestable ne dit-elle pas qu'il est absolument impossible d'avoir une religion que l'on croirait méprisable, et la conséquence rigoureuse qui en ressort n'est-elle pas l'impossibilité de maintenir une société dont la religion n'existe plus dans l'esprit public ni dans les âmes?

On a enseigné à tous nos écoliers que les démocraties d'Athènes et de Rome doivent être admirées, que les révoltés de ces deux pays célèbres sont des héros incomparables, et vous voudriez condamner la révolte !

On a fabriqué, avec une innocence stupide, une histoire aussi mensongère qu'insensée, ce qui est digne de Gribouille.

On a dit au peuple qu'il avait pris la Bastille, ce qui n'est pas vrai ;

On a transformé tous les assassins révolutionnaires en citoyens illustres, ce qui est dangereux ;

On a illustré les trois journées de 1830, dites *les Glorieuses*, par une colonne de bronze, ce qui est bête ;

On a, durant vingt ans, pleuré la perte de la République de 48, et vociféré contre l'Empire pour aboutir au 4 septembre, ce qui n'est pas fort ;

Et enfin, après avoir mené le branle séculaire du troupeau bêlant des libérâtres, on en est réduit à l'état de siége universel, à M. Thiers et à l'Internationale, ce qui est écœurant.

Et vous pourriez, vénérable Opinion publique, considérant ces choses, vilipender les voyous révolutionnaires, sans laver un peu la tête chenue des docteurs ès Révolution !... Non, mille fois non, vénérablissime Opinion, vous ne pouvez le faire... *Non licet !*

Trêve aux illusions qui ne peuvent que nous bercer d'une pernicieuse sécurité ! Il faut avoir le courage de le reconnaître loyalement :

Le pays a commis une apostasie ou il est tombé dans une perversion inconsciente — je ne tiens pas au mot exact, adoucissons si l'on veut — mais en réalité, le gros public est fanatiquement épris d'une religion nouvelle : le **Révolutionisme.**

Une partie saine dans le pays, il est vrai, reste fidèle aux vieilles croyances chrétiennes et c'est notre seule lueur d'espoir... Mais le succès de la vérité a peu de chances quand les choryphées du mensonge occupent toutes les avenues du gouvernement et font, sur les tréteaux de leur saltimbanquisme politique un bruit assourdissant, qui étouffe l'écho des voix apostoliques.

S'il est vrai que le fanatisme révolutionnaire s'oppose dangereusement à la foi traditionnelle de notre Patrie, j'aurai atteint mon but en prouvant que les chefs de l'apostasie — les plus dangereux de nos ennemis, cela est évident — sont bien ceux que je mets en cause ici. Et par là même, j'obtiendrai, j'en ai le doux espoir, de vous faire reconnaître que mes pauvres clients sont sans doute de tristes sujets, mais incomparablement plus bêtes que méchants.

A tout seigneur, tout honneur; commençons par le président, non pas celui du tribunal devant lequel j'ai l'honneur de plaider, non, mais le président des *révolutiomanes* ou *apostasiolâtres* (1).

Si nous voulions saisir dans ce procès tous les meneurs responsables de la Révolution, notre liste serait longue; il faudrait citer tous les docteurs laïques de l'Université (2). Ce sénat de la république des lettres en a lourd sur la conscience et, à juger l'arbre par ses fruits, il est d'une espèce profondément vénéneuse. De quelle pernicieuse pullulation il a infesté le sol de la Patrie, ses fruits secs du baccalauréat et tous les lauréats de ses

---

(1) C'est une chose remarquable que, dans toute l'Ecriture-Sainte, le mot révolution ne se trouve pas une seule fois. L'idée de révolte est rendue, dans le grec du Nouveau-Testament, par le mot *apostasion*. C'est qu'en effet, se révolter, c'est trahir la religion, le principe sacré en vertu duquel la société existe.

(2) Il y a sans doute, dans l'Université, quelques honorables exceptions; nous serions heureux de leur donner ici l'occasion de protester contre le mal commun.

écoles ont-ils fait assez de mal à la France!... De tous ses avocats et autres chicaniers du journalisme, délivrez-nous, Seigneur !

Mais nous avons dû nous borner à ne prendre ici que le dessus de la hotte, ceux qui, pris en flagrant délit de quatre-septembrisme ont néanmoins l'effronterie de se poser en messies et encombrent impudiquement les fonctions principales de la République.

Nous avons admis comme un fait évident et d'expérience universelle que *jamais aucun peuple, aucune société n'a été fondée et n'a subsisté sans religion*. Nous affirmons de plus que substituer à la religion le *principe révolutionnaire, qui ne comporte que la destruction*, c'est induire le peuple français en une *apostasie sacrilége*, c'est ruiner et détruire fondamentalement la Patrie.

Il ne nous reste plus, pour démontrer victorieusement notre thèse, qu'à prouver que les criminels susdénommés sont coupables de cet attentat.

Ledit inculpé principal, Adolphe Thiers, a proclamé en des circonstances solennelles et publiques ceci :

« *Je dois tout à la Révolution; elle m'a fait ce que je
« suis, c'est la cause de toute ma vie. J'appartiens à la
« Révolution française. C'est la seule cause qui soit vrai-
« ment chère à mon cœur.* »

« Lorsque Napoléon a fondé le nouveau système d'en-
« seignement, on croit qu'il n'a été préoccupé que d'une
« seule idée de despotisme et de pouvoir absolu : il avait
« une autre tâche à remplir quand il est venu, c'était de
« faire une société homogène... Il demanda une masse

« énorme de bourses, afin de s'*emparer* de la jeunesse
« française.

« Les instituteurs sont, en quelque sorte, le **moule**
« dans lequel on jette la jeunesse. Eh bien! il faut que
« le *moule* soit en *tout* semblable à la société pour la-
« quelle la jeunesse est faite (1). »

On croirait lire le discours gambettiste de Saint-Quentin :
le dévouement fanatique à la Révolution, la religion
laïque et immorale, tout s'y trouve.

L'inculpé Jules Simon Suisse est l'auteur d'un gros livre
intitulé *la Religion naturelle*... Inutile de rien ajouter...
Que ceux qui auraient sur le cœur le remords d'un grand
péché, par esprit de pénitence, essayent de lire ce gros,
lourd et inepte tome : l'expiation sera suffisante.

L'inculpé Barthélemy Saint-Hilaire, copin du principal
accusé, est coupable, ayant traduit *la Politique* d'Aristote
sans la comprendre, d'avoir osé ajouter à cette œuvre
une préface de 165 pages pour induire le lecteur en *révolutionisme*, et, pour mieux le pervertir, il proclame que
la « *Déclaration des droits de l'homme et du citoyen* a
« rappelé aux peuples, *et même aux philosophes*, les bases
« véritables de l'ordre social ; c'est d'elle qu'on peut dire
« avec toute justice qu'elle a présenté à la nature humaine
« ses titres perdus dans la plus grande partie de la
« terre. »

Pauvre Barthélemy! Après avoir si longtemps traîné
sur les bancs de l'école, accoucher de tels pallas! Quand

---

(1) Pa... prononcées, le 17 juin 1844, dans le deuxième bureau
de la Cha... des députés.

il est avéré, pour quiconque n'est pas dépourvu de sens politique, que la *Déclaration*, ce monument d'ineptie, contient en principe toutes les infamies de l'infâme Révolution.

Saint-Marc Girardin a constamment, dans sa chaire de la Sorbonne, applaudi et fait applaudir par d'innocents élèves les crimes de la Révolution. Il a, de plus, par sa longue collaboration au *Journal des Débats*, été de complicité dans la coupable propagande par laquelle cette feuille pervertissait les bourgeois libérâtres, qu'elle induisait traîtreusement en scepticisme et athéisme, religion secrète de la maison Bertin.

Renan. Sa perversité sacrilége est de notoriété publique.

Littré, lui, a fourni la première traduction des lourds blasphèmes du teuton Strauss, dont ils ont empoisonné la librairie française. Il est néanmoins un peu excusable, ayant été de bonne heure stupidopositivifié par ce pauvre aliéné d'Auguste Comte.

A. Maury, de l'Institut, a commis des livres, notamment *le Sommeil et les Rêves*, *Croyances et légendes*, *la Magie et l'Astrologie*, etc., livres qui, de la part d'un tel érudit, sont des actes de déloyauté littéraire, car leur objet est de nier l'indéniable surnaturel, seul principe de toute vérité... Mais je le fais intervenir au procès, ainsi que la dynastie des Dupin, surtout à cause de leur complicité révolutionnaire avec le maître conspirateur Adolphe, qui, chacun le sait, a été, quoique bien jeune, l'un des principaux révoltés de 1830, le meneur responsable de 48, a tiré les ficelles de 52, a mis sa main coupable et patricide dans le 4 septembre, et dans ce moment même, est le principal obstacle à la restauration française.

Or, nul n'ignore que le clan entier des universitaires fut toujours de complicité avec les fauteurs de mauvaises doctrines, et que, non contents de n'avoir su être que des apologistes de la Révolution, leur idole, ils ont puérilement plagié son histoire scandaleuse dans toutes ces néfastes journées de 1830, de 1848 et de 1870.

Vénérablissime Opinion publique, vous le voyez, les accusés, par l'énormité même de leur forfait, échappent au châtiment. Si l'on voulait faire disparaître de ce monde les plus coupables, il faudrait exterminer la moitié du peuple et les plus huppés de la population.

Il y a peut-être mieux à faire.

Je veux ici vous révéler un grand secret, que vous devrez mettre à profit, vénérable Opinion, et pour votre honneur et dans l'intérêt commun.

C'était le secret autrefois gardé dans les plus discrètes arcanes de l'initiation sacerdotale...

Le voici : **La religion nous élève au-dessus de nous-mêmes...** *L'homme naît naturellement dans le brutal état sauvage et il a toujours une intime tendance à y retomber.*

Par la renaissance italienne, qui ne fut qu'une reprise du grossier paganisme, les lettrés ont touché barre à la sauvagerie, et ils en sont tellement affriolés que le diable lui-même ne pourrait les en tirer.

Toutefois, l'innombrable cuistrerie, dont les déclamations ampoulées pervertissent le peuple, se compose d'une espèce de gens d'assez facile composition, pourvu qu'on sache les laisser tirer la langue. Ils sont gaillards de bon appétit et d'échine assouplie... Pour un plat de cervelas vous les feriez profaner le Vendredi-Saint et blasphémer le bon Dieu. De tous temps ils s'exercèrent au vil métier de courtisans et de bas flagorneurs du peuple plus ou moins souverain.

Que l'Opinion publique leur tienne la dragée haute et conspue leur ignoble marchandise, et vous les verrez aussitôt chanter la palinodie, entonner les complaintes et ânonner le *Miserere*.

Je n'ajoute plus qu'une réflexion et j'en tirerai la conclusion de cette plaidoirie. Elle m'est suggérée par la bizarrerie de cette cause elle-même : étrange et bizarre procès, en effet, que celui où toute une population se trouve coupable de fait ou de complicité... Sauf la réserve sacrée que Dieu garde et préserve quand il n'a pas maudit un peuple sans rémission... Étrange procès où le crime est patent, les coupables convaincus et cependant impunissables, car Dieu seul dispose de ces terribles sanctions de la loi sociale qui frappent tout un pays, tout un peuple !

Étrange procès, où le tribunal lui-même devrait être mis en cause, si la justice allait apparaître dans sa juste sévérité... Et pourquoi ne le dirais-je pas, avec l'autorité pénible mais inévitable que m'impose le devoir de mon ministère :

Opinion publique, le vrai, le réel coupable, c'est vous!... Votre honteuse et imperturbable complaisance a autorisé et autorisera perpétuellement toutes les révoltes... Et, si le juge ne s'amende point, les inculpés resteront à tout jamais aussi pervers qu'impunissables.

Opinion publique, il faut te convertir!... repousser désormais et fermement éviter toute complaisance pour les âneries sanguinaires du révolutionisme.

Barthélemy, le traducteur d'Aristote, nous déclare que l'ordre social est basé sur les *Droits naturels*, dont la Révolution nous a rendu les titres perdus depuis le commencement du monde. Pour les philosophes que Barthélemy n'éclaire pas, les droits naturels se résument dans le *droit sauvage de tuer son semblable pour le manger*, sans préjudice du droit de piller la hutte dudit dévoré.

La Révolution et la Commune se sont, du reste, chargées de ce commentaire juridico-naturel...

Laissons donc là ce cuistre et son ineptie...

La Révolution nous a promis la *liberté*, et n'a jamais su produire que le plus hideux despotisme, celui de la foule en fureur; elle parlait au nom de l'*égalité* devant la loi, et ses œuvres ne postulent que l'égalité de l'abaissement dans la fange; elle proclamait la *fraternité* sur les murailles de nos monuments ; ces monuments, elle n'a su que les brûler ; elle ne connaît d'autres passions que la sotte vanité, la haine brutale, la spoliation et l'assassinat... Puisque la Révolution est incapable de tenir aucune de ses promesses, et ne sait donner, qu'elle le veuille ou non, que le contraire,

Il faut confesser, à la face du soleil, que la Révolution est encore plus bête qu'horrible!...

Ne me demandez pas, très-intéressante mais jadis trop

étourdie Opinion publique, oh! ne me demandez pas d'atténuer la dure vérité de mes dernières paroles, cela est impossible. *Non possumus !*

ANTONIN DU VELAY.

Paris, le 22 décembre 1871.

www.ingramcontent.com/pod-product-compliance
Lightning Source LLC
Chambersburg PA
CBHW060913050426
42453CB00010B/1689